Les AVIONS
Tout un Monde en Photos

Piccolia

6

En France, Clément Ader parvient à arracher du sol un prototype d'avion dès 1890. Mais le premier vol motorisé maîtrisé a lieu aux États-Unis avec les frères Wright et un biplan de leur invention.

Selon le nombre de paires d'ailes qu'ils comportent, on appelle les avions (1) des monoplans, (2) des biplans ou (3) des triplans. Les aile appelées « voilure », assurent la portance de l'appareil sur l'air et l'hélice sa propulsion.

2

1

3

SIDE SLIP
SIDE SLIP

Spirit
of
t.Louis

À bord du Spirit of Saint Louis (ci-contre) Charles Lindberg effectua la première traversée de l'océan Atlantique en 1927. La même année la France créait l'Aéropostale pour se relier à l'Afrique et à l'Amérique du Sud.

PANCHITO

Équipés de mitraillettes et de canons, ces bombardiers des années 1940 emportaient plusieurs tonnes de bombes, à larguer sur des cibles au sol. Dans leur nez vitré se tenait parfois le navigateur chargé des tirs.

ARMY

Le Curtiss P-40 est un avion de chasse américain mis en service en 1938. Malgré des performances critiquées, il se révéla robuste, facile d’entretien et assez peu coûteux à produire. Il accomplit de nombreuses missions au cours de la Seconde guerre mondiale. Dans le même temps, il devint l’avion emblématique des Tigres volants, une escadrille de pilotes américaine basée en Chine, pour participer à la guerre qui opposait ce pays au Japon. C’est probablement pour donner un air menaçant aux appareils et impressionner l’ennemi qu’une gueule de requin était peinte sur leur nez.

L’approche de la Seconde guerre mondiale fit redoubler d’efforts les avionneurs pour concevoir et construire rapidement de nouveaux modèles d’avions militaires toujours plus performants.

KC

'endant la guerre, les pilotes
ıilitaires étaient autorisés à
ersonnaliser leur avion en
eignant divers motifs, illustrations
u noms. La pin-up était un
ujet très prisé de ce nose art
ittéralement « art du nez »).

Le Chance Vought F4U Corsair est un avion militaire américain mis en service en 1942. Propulsé grâce à sa grande hélice de 3 m de diamètre, il se caractérisait par la forme de ses ailes, repliables sur certains modèles.

Le Lancaster est un bombardier britannique, qui servit pendant la Seconde guerre mondiale. Sa puissance lui permettait d'emporter quasiment l'équivalent de son propre poids en carburant et en bombes, soit environ 15 tonnes.

.e B29 Superfortress et le B24 Liberator (ci-contre en bas) sont des ombardiers lourds utilisés durant la Seconde guerre mondiale. Le 29 fut surtout employé sur le front asiatique. Son rayon d'action en aisait le seul bombardier capable d'atteindre le Japon, où il largua les ombes atomiques d'Hiroshima et de Nagasaki. De son côté, le B24 ut intensément exploité pour toutes sortes de missions, généralement ssurées avec succès grâce à ses performances echniques. À la fin de la guerre, il avait té produit à plus de 19 000 exemplaires, e qui en faisait le bombardier e plus fabriqué au monde.

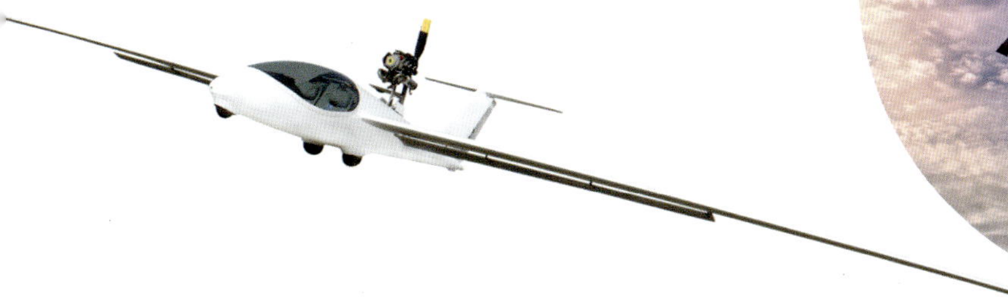

Le planeur est un aéronef à une ou deux places, léger et sans moteur. Il est en général remorqué en l'air par un avion qui le largue ensuite. Il vole en utilisant les courants atmosphériques.

ULM signifie Ultra Léger Motorisé. C'est un engin aérien à une ou deux places. Il en existe plusieurs modèles. Celui qui comporte une aile de deltaplane est appelé « pendulaire », car on le manœuvre en déplaçant le poids du chariot où est assis le pilote par rapport à l'aile. Selon la puissance de son moteur, il vole à une vitesse de 60 à 300 km/h. Son autonomie est comprise entre 3 et 5 heures de vol en moyenne. Grâce à sa conception, l'ULM pendulaire peut continuer de planer et atterrir sans danger, même si son moteur cale, à condition d'être au moins à 300 m du sol.

La patrouille de France est une unité de l'armée de l'air spécialisée dans la voltige aérienne. Les pilote exécutent des formations complexe à plusieurs avions, qui exigent beaucoup d'entraînement et une extrême précision.

La voltige aérienne consiste à réaliser et à combiner des figures inhabituelles pour un avion, telles que vrilles, boucles, tonneaux, etc. Cette discipline fait l'objet de compétitions.

Red Bull
Bull

e F15 et le F16 sont des avions militaires américains, en service depuis
milieu des années 1970. Il en existe de nombreuses variantes, chacune
otée de spécificités selon son usage. Ils sont tous deux armés d'un canon
t de missiles, mais le F15 est un avion de chasse, tandis que le F16 est
n avion de combat. C'est sans doute pourquoi il est plus gros et plus
uissant. Il peut en effet atteindre 2 660 km/h, soit plus de deux fois la
itesse du son, contre 2 170 km/h pour le F16.

REMOVE BEFORE FLIGHT

Né aux États-Unis et en service depuis 2005, le Raptor est un chasseur urtif conçu pour réduire le risque d'être détecté par les radars ennemis. on revêtement, par exemple, en absorbe les ondes.

Le Rafale est un avion militaire français polyvalent. Il peut assurer des missions de reconnaissance, d'intimidation, de défense, d'appui de troupes terrestres, de frappe au sol, de lutte navale, de police aérienne, de dissuasion nucléaire et de ravitaillement en vol d'un autre avion de chasse. Opérationnel depuis 2004, le Rafale bénéficie de technologies de pointe, et se révèle faiblement détectable au radar. D'environ 15 m de long pour 11 m d'envergure, il peut atteindre 2 200 km/h et ne nécessite que 450 m pour atterrir sans parachute de freinage.

De conception française, le Mirage 2000 est un avion militaire multifonction. Mis en service en 1984, il subit régulièrement des évolutions pour le maintenir au meilleur niveau de performance. Plus petit que le Rafale, il est néanmoins plus rapide.

D'une envergure de 52 m, le B-2 Spirit est un bombardier furtif en forme d'aile volante. Le F-117 Nighthawk (ci-contre) est un avion d'attaque au sol. À cause de sa forme étrange et de son existence longtemps secrète, il a souvent été pris pour un ovni.

ssus d'un concept né dès la Première guerre mondiale, les drones
ont des engins volants sans pilote. D'apparences diverses, la plupart
essemblent toutefois à des avions. Autonomes ou télécommandés,
ls sont de tailles variables et ont un usage civil et militaire. La police
es apprécie notamment pour lutter contre l'insécurité, scruter les
nanifestations et les événements
portifs, inspecter des zones
inistrées par des inondations
u des incendies, etc. Dans
'armée il existe des drones de
ombat équipés de matériel de
urveillance et d'armement.
Beaucoup sont furtifs.

’origine canadienne, le Canadair est un avion bombardier d’eau de utte contre les incendies. Il écope l’eau des lacs ou de la mer en volant en ase-motte avant d’aller la répandre sur le feu.

'hydravion présente la
articularité de pouvoir décoller
t se poser sur l'eau, grâce aux
otteurs qui remplacent son train
'atterrissage, et lui permettent de
éjauger, c'est-à-dire de s'élever
u-dessus de l'eau sous l'effet
e la vitesse.

On appelle communément Cessnas (du nom de leur fabricant américain) des petits avions monoplans à hélice. Ils sont souver utilisés comme avions-taxis, mais aussi pour des survols touristiques l'observation et la surveillance d'espaces naturels...

ffrétés à la demande, les jets privés permettent iscrétion et flexibilité horaire. De tailles ariables en général inférieures à celle des avions e ligne, leur vitesse moyenne va de 550 à plus e 800 km/h.

UIVER
K-L-M
GOODYEAR

.a compagnie américaine Douglas s'illustra surtout dans l'aviation nilitaire, mais elle produisit aussi des avions civils, notamment les)C2 et 3, dans les années 1930. Grâce à sa robuste mécanique et à son 'aste rayon d'action, le performant DC3 est toujours opérationnel le nos jours.

La société américaine Boeing est le premier constructeur d'avions au monde. Transportant jusqu'à 524 passagers, son mythique 747 était le plus gros avion de ligne avant l'arrivée de l'Airbus A380.

AIR FRANCE

Le Concorde était l'avion de ligne le plus rapide du monde, capable d'atteindre 18 000 m d'altitude à 2 145 km/h en croisière. Il inspira le Tupolev 144, aux performances comparables, mais dont l'exploitation cessa suite à de nombreux accidents.

On désigne généralement par lignes longs courriers, les distances nécessitant plus de 5 heures de vol. Selon les destinations, on utilise des avions de moyenne capacité, comme par exemple l'Airbus A330, ou des jumbos jets, comme le Boeing 747, qui accueillent un plus grand nombre de passagers. Dans les deux cas, les avions doivent disposer d'une grande autonomie en carburant.

Inauguré en 2005, puis entré en service en 2007, l'Airbus A380 est actuellement le plus gros avion de ligne civil, gros porteur et long courrier du monde.

AIRBUS A380
F-WWDD
A380
space

Emirates
K1
K4

'envergure des ailes de l'Airbus A380 atteint près de 80 m, son fuselage 3 m de long et un peu plus de 7 m de large. Cet avion hors normes peut ransporter de 525 à plus de 850 passagers, selon la configuration de sa abine à deux niveaux. Il parcourt de très longues distances, grâce à son éservoir de carburant d'une capacité de 320 000 litres, qui lui confère usqu'à 15 700 km d'autonomie. Sa vitesse de croisière maximale est de 087 km/h. Ce géant des airs nécessite 2 750 m de piste pour prendre on envol et à peine plus de 1 500 m pour atterrir. De conception uropéenne et produit en France avec la participation de plusieurs pays e l'Union, il bénéficie des dernières innovations technologiques, ce ui lui confère un grand confort de pilotage et d'accueil des passagers.

AIRBUS INDUSTRIE
A300-600ST
AIRBUS

usage civil ou militaire, les avions cargos sont entièrement dédiés au ransport de fret. D'un volume exceptionnel, les plus gros sont capables 'emporter plus de 250 tonnes de charge.

SSENTERPRISE

Pour certains, la prochaine étape de l'aventure aéronautique est de proposer au public des vols à la frontière de l'espace, à plus de 100 km d'altitude, soit 8 à 10 fois plus haut qu'avec un avion long courrier classique. Les passagers devront s'entraîner pour expérimenter l'apesanteur !

Crédits photographiques :

Couverture :
FOTOLIA : MOKreations / Leo / Lux / philippe Devanne / Cédric Guyot / icholakov / jean marie jardinier / photlook - Fred.
123RF : Galina Peshkova;

Jaquette :
FOTOLIA : Simon Coste / Idelfoto / Ash Toone.
123RF : Galina Peshkova / arinahabich / marchcattle / arenaphotouk / WWW.MARCOVARRONE.COM / David Acosta Allely / fotoluminate / Anatoliy Lukich / Damian Rdzanek.

Intérieur :
FOTOLIA : P7 Jenny Thompson / P8 Lux - P16 icholakov - P20 / icholakov / P25 Leo - P27 photlook - P29 PL.TH - P38 choucashoot - P39 franz massard - mattei / choucashoot - P44 boscorelli / luxlumen_minor - P45 Paul Fleet - P47 jean marie jardinier / RomainQuéré / Jean-Marie MAILLET / jean marie jardinier - P50 Shutterbas - P59 Ericos / popov48 / Photocomptoir - P67 Alexandre - P59 Photocomptoir - P67 christian villes.

123RF : P2 Elena Duvernay - P4 Ivan Cholakov - P5 Franck Boston - P6 Valerie Garner - P7 John Sandoy / Leo Blanchette / Rikard Stadler / Vincenzo De Bernardo / Ivan Smuk - P8 Mikhail Starodubov / David Fowler / Keith Webber Jr. - P9 Ruggero Piccoli - P10 Carlos E. Santa Maria - P 11 Anthony Baggett / Nicolas Van Weegen - P12 Kevin M. McCarthy - P13 Ivan Cholakov - P14 Dwight Smith / 14Visions Of America LLC - P15 Anatoliy Lukich / actionsports / Andreas Meyer - P17 Keith Bell / Dwight Smith / P18 Andy Lidstone 2013 - P19 Visions Of America LLC / KarSol / Andrew Oxley / Visions Of America LLC - P20 Kevin M. McCarthy - P20 actionsports / Kevin M. McCarthy - P21 Kevin M. McCarthy - P22 Gary Blakeley - P23 David Fowler - P24 Michael Rosskothen / Ivan Cholakov - P25 Eddie Toro / AlexBroker.com - P26 Alberto Masnovo - P27 Vereshchagin Dmitry / Anne Heine / Alex Loban / nisanga / Stuart Atton / MICHAEL SMITH - P28 Leonardo Mota / Thor Jorgen Udvang - P29 Sally Wallis / Dutourdumonde Photography - P30 WWW.MARCOVARRONE.COM / dennissteen / Valerie BERTANA / Micha Klootwijk - P31 WWW.MARCOVARRONE. COM - P32 Bartlomiej Magierowski - P33 Anastasija Popova - P34 Sascha Burkard - P34 Sascha Burkard - P35 jvdwolf - Johan Knelsen - fotoluminate - P37 Tomas Del Amo / Jake Loveday / Andrew Zarivny /Visions Of America LLC / Corey Ford / maxfx / Tomas Del Amo - P38 123RF - P40 Ramon Grosso Dolarea /Roman HraÅjka / jvdwolf / Sergey Kohl - P41 William Attard McCarthy - P42 Anatoliy Lukich - P43 Rocky Reston - P45 nerthuz - P47 David Acosta Allely / arenaphotouk / Jean-claude CAZALS - P48 Scott Prokop - P49 Dario Lo Presti / malbert / Debra Law / Thor Jorgen Udvang - P50 jamesh77 / Mark Rasmussen / Margo Harrison - P51 Mark Rasmussen - P52 maxfx - P53 Ivan Cholakov - P54 photohamburg / fotoluminate - P55 fotoluminate / gaschwald / epastor16 - P56 Joerg Hackemann - P57 editorialz / Markus Mainka (www.marek-photo.de) / Marat Roytman / kajornyot / Brian Kenney / Leonard Zhukovsky / Ruth Peterkin - P58 senohrabek - P60 Nuttapong Wannavijid / marchcattle - P61 06photo - P62 Steve Mann - P63 Anton Selin - P64 ventura pictures 2014 / Juha Remes - P65 Phil Bird www.philbirdphotography.com / 65ÐÐ½Ð´ÑÐµÐ¹ÐÐ°Ð´Ñ‡ÐµÐ½Ð°Ð¾ / rebius - P66 Sergey Kohl - P67 Sergey Kohl / Victor Antonov / Laurent Dambies / Art Plrang / Steve Allen - P68 Thomas Dutour - P69 Thomas Dutour / Steve Mann / Steve Mann - P70 Elena Duvernay.

Textes : Christine Baillet.